VENTE après Décès de M. DE L'OMBRE

COLLECTION

DE

Tableaux

ET

OBJETS D'ART

EXPOSITION

Le Samedi 12 Octobre 1895, de 2 heures à 6 heures

Château de MONDÉSIR, commune de CORMERAY

Près BLOIS (Loir-et-Cher)

VENTE AUX ENCHÈRES

Au Château de Mondésir

LE DIMANCHE 13 OCTOBRE 1895, & JOURS SUIVANTS

A 2 heures du soir

MM. BAUDON & AVRILLON

Commissaires-Priseurs à Blois

Assistés de **MM. GANDOUIN**, Experts à Paris

Rue des Sts-Pères, 31, et 70, faubourg St-Honoré

CATALOGUE

DES

TABLEAUX

ET

Objets d'Art

COMPOSANT

la Collection de feu M. DE L'OMBRE

DONT

LA VENTE PUBLIQUE

AURA LIEU

Au Château de Mondésir

COMMUNE DE CORMERAY, PRÈS BLOIS

(Loir-et-Cher)

LE DIMANCHE 13 OCTOBRE 1895

Et Jours suivants

A UNE HEURE DU SOIR

Par le ministère de MM. **BAUDON** et **AVRILLON**

Commissaires-Priseurs à Blois

Assistés de MM. **GANDOUIN**, Experts à Paris

70, faubourg St-Honoré

CONDITIONS DE LA VENTE

Elle aura lieu au comptant.

Les acquéreurs payeront DIX POUR CENT, en sus des adjudications, applicables aux frais.

L'exposition mettant le public à même de se rendre compte de l'état des objets, il ne sera admis aucune réclamation après l'adjudication.

Les experts se chargeront des commissions des personnes qui ne pourraient suivre les vacations.

ORDRE DES VACATIONS

Dimanche 13 Octobre. — Tableaux et autres objets catalogués.

Lundi 14 — — Meubles modernes.

Mardi 15 — — Continuation de la
vacation précédente,
Voitures, Vins, etc.

NOTA. — Le Château de Mondésir est situé à dix kilomètres de Blois, sur la route de Blois à Cormeray.

**Un Omnibus sera à la disposition du public, les jours de vente,
à midi et demi
DÉPART : près le Pont de Blois**

TABLEAUX

1. — LE DOMINIQUIN. — *Sainte Cécile.*

Ce tableau représente sainte Cécile à mi-corps. — L'ajustement consiste en une robe rouge, avec manches blanches et draperie jaune, elle tient un livre de musique et ses yeux sont tournés vers le ciel.

Cette peinture, aussi remarquable par la grâce du dessin que par la beauté du pinceau et de la couleur, est un chef-d'œuvre du Dominiquin, et brille surtout comme ceux de ce grand maître, par l'expression qui l'a placé si haut.

Hauteur : 0ᵐ85. — Largeur : 0ᵐ68.

2. — C. MARATTE. — *Adoration des Anges.*

Hauteur : 0ᵐ26. — Largeur : 0ᵐ19.

3. — BOUCHER (François). — *Repos de Diane,* esquisse.

Hauteur : 0ᵐ21. — Largeur : 0ᵐ28.

4. — PALAMÈDES. — *Réunion galante.*

Hauteur : 0ᵐ21. — Largeur : 0ᵐ29.

5. — GILLEMANS. — *Couronne de Fruits et de Fleurs avec tête de Bacchus au centre,* cadre sculpté.

Hauteur : 0ᵐ67. — Largeur : 0ᵐ53.

6. — MONVOISIN. — *Episode de l'Histoire de Jupiter.*

Hauteur : 0ᵐ12. — Largeur : 0ᵐ15.

7. — MONVOISIN. — *Boissy d'Anglas à la Tribune.*

Hauteur : 0ᵐ22. — Largeur : 0ᵐ33.

8. — **TENIERS (David)** père. — *Fumeur.*
Hauteur : 0^m20. — Largeur : 0^m15.

9. — **SUBLEYRAS.** — *Un Roi Mage ; Le Maure.*
Hauteur : 0^m64. — Largeur : 0^m46.

10. — **TIÉPOLO.** — *Tête de Vieillard.*
Hauteur : 0^m64. — Largeur : 0^m53.

11. — **COURTOIS (Jacques)** dit **BOURGUI-GNON.** — *Deux Batailles ; Chocs de Cavalerie.*
Hauteur : 0^m20. — Largeur : 0^m20.

12. — **TIÉNON (Louis).** — *Cloître de Sainte-Wandrille.*
Hauteur : 0^m26. — Largeur : 0^m32.

13. — **GIORDANO.** — *La Vierge et plusieurs Saints,* esquisse pour un tableau d'autel.
Hauteur : 0^m38. — Largeur : 0^m20.

14. — **RECCO (Ecole napolitaine).** — *Agneau Pascal,* cadre bois sculpté.
Hauteur : 0^m50. — Largeur : 0^m70.

15. — **FRAGONARD.** — *Vision de saint Antoine,* belle esquisse.
Hauteur : 0^m47. — Largeur : 0^m43.

16. — **CASTIGLIONE.** — *Retour d'un Marché*
Hauteur : 0^m14. — Largeur : 0^m29.

17. — **LEMOINE.** — *Vision de saint François.*
Hauteur : 0^m38. — Largeur : 0^m28.

18. — **MONVOISIN.** — *Tête de jeune Femme.*
Hauteur : 0^m27. — Largeur : 0^m19.

19. — **CORRÈGE** (d'après). — *Jésus et saint Jean.*
Hauteur : 0^m45. — Largeur : 0^m35.

20. — **ALBANE** (d'après). — *Jeux d'Enfants.*
Hauteur : 0^m45. — Largeur : 0^m40.

21. — SOLIMENE (F°). — *Scène de la Vie de Jésus.*
Hauteur : 0m27. — Largeur : 0m38.

22. — FETI (Dominico). — *Oiseaux morts.*
Hauteur : 0m36. — Largeur : 0m48.

23. — POMPEO (Battoni). — *L'Homme entre le Vice et la Vertu*, B. T.
Hauteur : 0m96. — Largeur : 0m73.

24. — PARROCEL. — *Bivouac de Gardes Françaises.*
Hauteur : 0m28. — Largeur : 0m47.

25. — DE WITTE (Emmanuel). — *Amours représentant la Moisson*, grisaille.
Hauteur : 0m91. — Largeur : 0m65.

26. — BOUCHER (François). — *Assomption de la Vierge*, très belle esquisse en grisaille.
Hauteur : 1m38. — Largeur 0m71.

27. — CASANOVA. — *Siège d'une Ville.*
Hauteur : 0m51. — Largeur : 0m70.

28. — ACHARD. — *Vallée des Tombeaux*
Hauteur : 0m97. — Largeur : 1m46.

29. — VERKOLIE. — *Moïse sauvé des Eaux.*
Hauteur : 0m54. — Largeur : 0m62.

30. — CHAMPELL. — *Côtes de Normandie.*
Hauteur : 0m69. — Largeur : 1m15.

31. — VAN KESSEL (Jean). — *Oiseaux perchés sur des branchages.*
Hauteur : 0m30. — Largeur : 0m48.

32. — CRANACH (Lucas). — *Les saintes Femmes se rendant au Tombeau.*
Hauteur : 0m75. — Largeur : 1m24.

33. — **DE HEEM (Corneille).** — *Fruits et Légumes posés sur une Table.*
Hauteur : 0m41. — Largeur : 0m51.

34. — **GUARDI.** — *Paysage*, Panneau décoratif.
Hauteur : 0m74. — Largeur : 1m03.

35. — **DE WITTE (E.).** — *L'Amour se réfugiant dans les bras de Vénus*, grisaille.
Hauteur : 1m26. — Largeur : 0m73.

36. — **FRANCK (Floris).** — *La Paix et la Guerre.*
Hauteur : 0m84. — Largeur : 1m17.

37. — **MONVOISIN (R.-Q.)** — *Jeune Italienne.*
Hauteur : 0m53. — Largeur : 0m44.

38. — **GIORDANO (Luc)** (attribué à). — *Jésus chassant les Marchands du Temple.*
Hauteur : 0m56. — Largeur : 0m68.

39. — **ROBUSTI** dit **LE TINTORET.** — *Portrait du Cardinal Bembo.*
Hauteur : 0m69. — Largeur : 0m57.

ARMES

40. — **Fusil hongrois.** La crosse est incrustée
d'ivoire et piquetée de cuivre.

41. — **Epée,** époque Louis XVI, poignée et garde
en acier, fourreau en galuchat. (Très jolie
pièce.)

42. — **Couteau de chasse,** époque Louis XVI,
garniture argent ciselé.

43. — **Epée de Chevet,** en fer damasquiné d'argent, XVIᵉ siècle (garde rapportée).

44. — **Autre Epée de Chevet,** du XVIᵉ siècle, en
fer damasquiné d'argent ciselé.

45. — **Paire de Pistolets hongrois,** du XVIIIᵉ
siècle, garniture argent.

46. — **Couteau de chasse,** poignée ivoire, lame
de damas gravée, avec sujets de chasse et
de combats. (XVIIᵉ siècle).

47. — **Esclavone vénitienne,** du XVIIIᵉ siècle.

48. — **Poignard kabyle.**

49. — **Yatagan persan.**

OBJETS DIVERS

50. — **Médaillon de Nini.** FRANKLIN.

51. — **Médaillon de Nini.** Michel FOUCAULT.

52. — **Pendule,** époque Louis XVI, bronze ciselé et doré.

53. — **Glace,** cadre bois sculpté, époque Louis XIV.

54. — **Commode,** époque Louis XVI, avec filets cuivre, marbre gris.

55. — **Petit Rouet ancien.**

56. — **Soupière,** vieux Rouen, à décors polychromes.

MOBILIER

MEUBLES de **plusieurs chambres à coucher, salle à manger, salon, salle de billard, bibliothèque.**

CAVE : 20 hectolitres de vin, récolte 1893. **Vins fins. Eau-de-vie.**

VOITURES : Victoria, Panier, Charrette.

RECOLTES.

NOTA. — Le Mobilier sera vendu les 14 et 15 Octobre et jours suivants, s'il y a lieu.

Blois, typ. et lith. C. MIGAULT et Cᵉ, rue Pierre-de-Blois, 14